AF247239

LE VRAI

PATRIOTISME,

O U

SERVICES RENDUS A LA PATRIE,

Avec les Pieces authentiques qui le prouvent,

PAR ESPRIT-MICHEL LAUGIER,

Docteur en Médecine de l'Université de Mont-pellier, Membre de plusieurs Académies, Professeur du Collége de Marseille, Auteur & Directeur général des Bains hydrauliques Médicinaux à vapeurs, de Paris, de la France, &c.

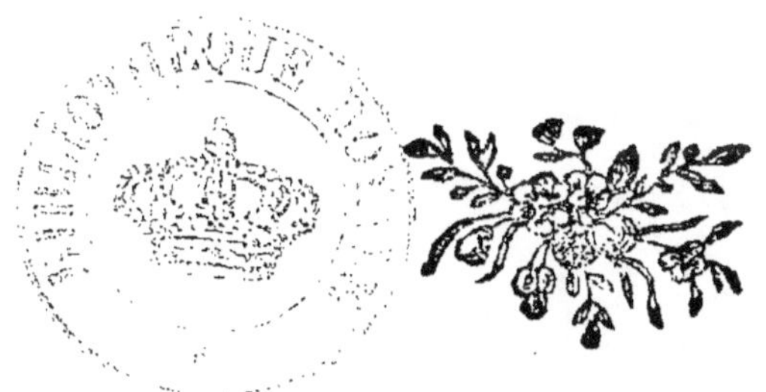

A PARIS,

Chez L'AUTEUR, rue et cul-de-sac Saint-Dominique d'Enfer.

1791.

ACTIONS

PATRIOTIQUES,

OU

SERVICES RENDUS A L'ÉTAT,

Avec les Pieces authentiques qui le prouvent.

---

*Preuves de Patriotisme du Médecin L**.*

1º.

En 1767 une épidémie ravageoit la ville de Pélissane, (où M. L. étoit pensionné depuis dix ans) & faisoit les mêmes ravages à LAMBESC, ROGNES, SALON, GRANS, SAINT CHAMAS, ET LEURS ENVIRONS.

Comme c'étoit une maladie inflamma-

A 2

toire putride, compliquée de malignité ; les médecins & chirurgiens de ce pays traitoient les malades avec l'émétique, & des remèdes trop actifs qui les laissoient périr dans peu de jours.

Le sieur L.* *, ayant eu le bonheur de mieux saisir le caractere de la maladie, trouva le point de les tous guérir en fort peu de tems, par des voies plus douces & moins dangéreuses.

Les froids furent si vifs pendant cette année, que les oliviers & les autres arbres fruitiers, périrent presque tous, & semblérent porter sur eux, le deuil de la calamité qu'éprouva dans cette époque la plus grande partie de l'espece humaine, non-seulement par l'épidémie mentionée ci-dessus, mais encore par celle qui se répandit, sur la production la plus riche de ce jardin de la France & de l'Europe.

Maladie Peſtilentielle à Marſeille.

En 1768 & 1769, c'est-à-dire deux ans & demi après la précédente épo-

que, une nouvelle épidémie d'un caractere différent & des plus rerribles, s'étant
manifestée à Marseille, le bruit se répandit qu'il n'y avoit plus de médecins
& de chirurgiens pour secourir ces in-
dustrieux & malheureux habitans, le
sieur L.**, touché de leur position, con-
çut le dessein d'aller à leur secours,
malgré le danger auquel il alloit s'exposer, & le sacrifice de mille écus que lui
rendoit cette place, en cessant d'en rem-
plir les fonctions.

C'est ainsi qu'il sacrifia son repos &
son intérêt particulier, à la douce satis-
faction de tendre une main secourable à
cette malheureuse ville, par conséquent
à l'humanité en général, & à sa patrie
en particulier.

La gloire de partager le péril avec les
tristes restes de ses collégues, & la con-
solation d'exposer sa vie pour le salut
de ses chers concitoyens, l'emportèrent
sur toutes les observations de ses amis,
& sur toutes les autres considérations
humaines.

Situation de la ville de Marseille en 1769.

Il est inutile de faire ici le tableau de la position dans laquelle il trouve la ville de Marseille ; on en voit la description dans une brochure qui a paru » de sa part, & qui a pour titre « l'art de » faire cesser la peste « ainsi qu'on le verra dans l'histoire de cette même épidémie, qui ne tardera pas de paroître, & qui a été jugée digne de l'impression royale, par quatre ministres.

Découverte des causes ou foyers de cette espece de peste , & les moyens de l'arrêter.

Nous dirons seulement qu'après avoir pris tous ces renseignemens, & après avoir essuyé pendant 36 jours lui-même cette peste, il en saisit si bien le caractere & les causes ou foyers qui y avoient donné naissance, qu'ayant annoncé aux municipaux de cette ville, qu'il avoit trouvé le moyens de la faire cesser sans retour, dans environ deux semaines, cette offre fut acceptée au point, que peu de jours après, le tems prescrit, cette espèce de peste (qui duroit depuis près de deux ans) cessa & disparut tout-à-fait, après avoir enlevé près de dix mille ames, dans environ sept mois de tems, & avant que le sieur L.** y fut arrivé.

Preuves des services rendus à l'humanité en général, à la patrie en particulier, & notamment le dernier service dont on va parler.

1°.

Ce sevice est prouvé par le procès-verbal de l'intendant de la province, voyez ci-après, par la lettre A.

2°.

Par celui des directeurs de l'hôtel-dieu, municipaux de la ville de Marseille, ce qu'on verra ci-après, par la lettre B.

3°.

Il est encore prouvé par tous les chefs

& principaux de la même ville, ainsi que par la voie publique.

Découvertes faites par le sieur L.

Depuis ces époques, le sieur L.** a fait différentes découvertes pour le bien de l'espèce humaine.

1°.

Il a inventé un mécanisme pour les bains hidrauliques médecinaux, à l'exemple de ceux qu'on pratique à Constant'nople, en Russie, &c. avec une mécanique nouvelle qui a été aprouvée de la façon la plus glorieuse, par trois corps académiques de cette capitale. Voyez sur la marque ci-après *

2°.

Il a trouvé l'art de faire des pierres, pour les pays qui en manquent, ou qui peuvent y être d'un trop grand prix.

3°.

Il a découvert une liqueur exfoliative, pour fondre ou exfolier les pierres dans la vessie, ainsi qu'il l'a prouvé par les expériences faites en public, dans six couvens d'une grande ville de l'Europe.

4°.

Il a imaginé un moyen chymique, pour faire une lescive particuliere, qui dépouille des principes de maladie qui s'attachent au linge des malades, & que les lescives banales & ordinaires, qui ne sont qu'une selle à tout cheval, ne peuvent pas enlever, ce qui donne lieu à entretenir les maladies, & conduit au déperissement de l'espèce, humaine.

5°.

Il a encore inventé un moyen physique, de corriger les vices de l'air, de l'ad-mosphere qu'on habite dans le tems de peste, lequel a été approuvé par la société royale de médecine.

Le sieur L.** a également fait un nombre d'autres découvertes de la plus grande utilité qu'il seroit trop long d'exposer ici.

*Œuvres du Sieur L.**, en Médecine, en Littérature, &c.*

Il est auteur de plusieurs ouvrages, qui ont pour but le bien de l'humanité, & qui démontrent les sentimens de patriotisme les plus distingués.

Le sieur Laugier a exposé sa vie aux plus grands dangers pendant la peste de 1769, dont il est parlé ci-dessus, puisqu'il en porte les marques honorables sur la poitrine, par la cicatrice du bubon qu'il a eu à la fin de ce fléau qu'il a pris lui-même à l'époque dont il sagit, lesquelles parlent en sa faveur, & attestent de nouveau ce que les procés-verbaux mentionnés ci-dessus, ont démontré sans réplique.

Les ouvrages dont il est auteur ont, pour titre, les articles CI-APRÈS.

MÉDECINE.

1°.

» Histoire de l'épidémie arrivée en 1769, à Marseille, 600 pages in-4°., ce travail a été glorieusement approuvé par la société royale de médecine, & jugé digne de l'impression royale, par quatre ministres, ainsi qu'il a été dit. Voyez l'approbation ci-après, sur la lettre C.

2°.

» Réforme des Courtisannes , in-8°. , chez Caillau, rue Galande.

3°.

» Médecine nouvelle, ou parallèle entre l'électricité, le magnétisme animal & les Bains-hidrauliques à vapeur, in-8°., chez Morin, rue S. Jacques.

4°.

» Hidrographie nouvelle , ou l'art de

(12)

composer & conduire les bains à vapeur,
in-8°. idem.

5°.

» Hidrominéralogie moderne, ou l'art
de composer les eaux minérales, plus salu-
taires que celles qu'on trouve dans différens pays, & dépouillées des principes
dangereux qu'on trouve dans celles qui
sont connues, in-8°., chez l'auteur, rue
& cul-de-sac S.-Dominique d'Enfer,
N°. 6.

6°.

» Essai sur la maladie de cithère, in-8°.,
lequel renferme un spécifique nouveau,
approuvé par la société royale de médecine, chez l'auteur.

7°.

» Présens des courtisannes sur le sujet
précédent, in-8°., chez l'auteur.

8°.

» Tyrannie que les hommes ont exercée

dans presque tous les temps & les pays,
contre les femmes , ou inconséquence de
leur conduite envers cette belle moitié
de l'espèce humaine , in-8°. , chez l'auteur
& les marchands de nouveautés.

9°.

» Du prix & de la dignité de l'homme
moral & physique.

10°.

» Les femmes vengées de l'injustice des
hommes , &c.

Enfin nous nous bornons à la liste ci-
devant , qui n'est que la moitié des
ouvrages de l'auteur , pour prouver
les sentimens qu'il a pour l'humanité en
général , & le goût du patriotisme qu'il
possède dans le cœur , sur-tout depuis
qu'il a exposé sa vie en 1769 , pour sauver sa patrie ainsi qu'il a été dit.

Par conséquent, on doit bien penser

jusqu'à quel point il est bon patriote, bon citoyen, & combien il doit être attaché à la nouvelle constitution qui doit ressusciter la France, & l'arracher de la tyrannie dans laquelle on l'avoit asservie.

A.

Copie du procès-verbal de M. de Monthion, Intendant de la Provence; sur la cessation de la peste qu'il y a eu en 1769 à Marseille, opérée par les conseils & les moyens proposés par le sieur Laugier.

Nous, intendant du pays de Provence, ayant été requis de la part de M. le duc de la Vrilliere, ministre & sécrétaire d'état, de nous informer si en 1769, il y a eu une maladie pestilencielle à Marseille, & s'il est vrai qu'elle ait été arrêtée par les conseils & les moyens suggérés de la part de M. Laugier.

Pour raison de ce, ayant fait demander en témoignage tous les chefs de la cité, ils ont été tous d'un commun ac-

cord que la susdite maladie avoit réelle—
ment existé ; qu'en moins de sept à huit
mois elle avoit enlevé près de dix mille
habitans, ainsi qu'il paroît par les registres des paroisses , & que c'étoit après
les nombreuses ouvertures de cadavres ,
par les avis & les moyens donnés par
M. L.**, (lequel avoit exposé cent fois
sa vie) pour sauver cette malheureuse
ville , que ce merveilleux changement
avoit été opéré.

On voit par conséquent que c'est par
les sages avis de ce zèlé patriote , & de
ce courageux citoyen , que ce terrible
fléau a cessé & disparu tout-à-fait.

Au moyen de ce , nous concluons que
ledit M. L** a mérité une récompense
proportionnée au prix d'un service aussi
mémorable , sur-tout dans une circons-
tance aussi critique, où d'ordinaire tout
le monde cherche plutôt à mettre sa vie
en sûreté , qu'à l'exposer au danger.

Signé, MONTHION.

A Marseille , ce 3 Mars 1772.

Nous, soussigné, secrétaire de l'intendance d'Aix, certifions avoir extrait des registres de notre bureau, le présent verbal, pour être conforme à l'original. A Aix, le 10 Avril 1781. Signé, SERRE'.

B.

Copie du proces-verbal de MM. les directeurs de l'Hôtel-Dieu de Marseille, sur les fievres pestilentielles qu'on y vit régner en 1767, 1768 & 1769.

Nous soussignés, directeurs en exercice dans l'Hôtel-Dieu de cette ville pendant les années 1767, 1768 & 1769, déclarons avoir été affligés par une épidémie de si grande conséquence, que notre hôtel fut accablé & inondé de malades, au point que nous ne savions plus où les placer.

Cet événement nous occasionna une perte de citoyens, & une dépense très-considérable.

C'est pendant ce temps de calamté,

&

& après une mortalité qui faisoit trembler pour les suites (que M. L**, docteur en médecine, résidant en cette ville, qui fréquentait fort assiduement notre hôtel) nous voyant dans cet état d'affliction de peine & d'embarras, nous suggéra (à notre prière) le moyen de nous en délivrer, ce qu'il fit avec tout le zèle & la charité possibles.

Nous fûmes si pénétrés du prix de ce conseil, & nous en sentîmes tellement l'importance, que nous l'exécutâmes le même jour avec toute l'exactitude & la diligence imaginables ; aussi, depuis ce temps, nous vîmes peu à peu diminuer la férocité de cette maladie, & insensiblement ce terrible fléau cessa & disparut tout-à-fait.

Enfin nous lui donnons d'autant plus volontiers ce témoignage, que nous croyons le lui devoir comme un prix AU BIENFAIT, UNE RÉCOMPENSE AU SERVICE, ET UN HOMMAGE A LA VÉRITÉ. Signés, à l'original, Eidin, l'aîné, Chau-

B

diere, Gravier, Michel, Rey, Hermite, Campou, Dessuard, Sauvairy, Stra-forelle, le douzieme est absent.

A Marseille, le 8 Février 1773.

C.

APPROBATION

De la société roïale de médecine de Paris, sur l'ouvrage qui a pour titre : « Essai » sur les fievres malignes pestilentiel- » les, &c. arrivées en 1769 à Marseille.

Extrait des regiſtres de la société roïale de méde-cine de Paris.

La société nous a chargé, M. Mac-quart & moi, commissaires nommés à cet effet, d'examiner un manuscrit de M. Laugier, docteur en médecine, de l'université de Montpellier, membre & professeur du collége de Marseille, qui a pour épigraphe :

Eſt modus in rebus ſunt certi denique fines
Quos ultrà, citràque nequis consiſtere rectum.

Il est intitulé : « Essai sur les fièvres
» malignes pestilentielles , avec l'expli-
» cation de leurs simptômes, de leurs dif-
» férentes causes , & la méthode la plus
» sûre de les guérir, &c. »

Cet ouvrage qui a déjà été approuvé
par M. de Horne , médecin consul-
tant de S. A. S. Monseigneur le duc
d'Orléans , est divisé en deux parties.

Dans la premiere ce médecin , après
avoir exposé les causes ordinaires des épidémies , donne l'histoire chronologique
des pestes qui ont affligé la ville de Marseille , & présente le tableau des mal-
heurs qu'entraînent ces fléaux.

Ensuite il examine l'influence des cli-
mats sur les peuples qui les habitent, &
en cherchant à découvrir les causes qui
peuvent favoriser les épidémies ; il indique
les moyens de s'en garantir, ou au moins
d'en énerver l'activité.

Avant de donner la description de
l'épidémie de 1768 & 1769, qu'il attri-
bue à la continuité des pluies de ces an-

mées, il fait connoître les avantages &
les inconvéniens qu'on trouve dans la
situation de la ville de Marseille.

Enfin il termine cette première partie
par quelques réflexions sur la manière
dont les fièvres malignes pestilentielles
peuvent se communiquer.

L'auteur, dans la deuxième partie de
son ouvrage, donne une description exacte
des signes qui caractérisent les fièvres
dont il s'agit, avec des détails intéressans sur les phénomènes qu'on observe
dans les urines, dans les sueurs, dans les
déjections et dans la qualité du sang.

Il distingue deux espèces de fièvre ma-
ligne, l'une produite par un principe, dis-
solvant, & l'autre par un principe coa-
gulant.

Cette distinction adoptée par Baillou,
& plusieurs médecins célèbres, le conduit à faire voir la différence qu'on observe dans les simptômes, & combien
il est essentiel au médecin de les saisir,
afin de varier sa méthode curative.

Ensuite il établit un parallèle entre l'épidémie de 1768, &c. & la peste de 1720, &c. dont il donne la description , afin de mettre les lecteurs à portée de juger de ces deux maladies, d'en voir la différence & d'apprécier les différens moyens qu'on a employés pour les combattre.

Après avoir prouvé dans la quatrième partie de son ouvrage , qu'on doit attribuer l'épidémie de 1768 & 1769 aux pluyes continuelles qu'il y eut (pendant ces deux années , dans un pays où elles sont si rares) il fait voir que les prisons, les casernes , les vaisseaux , les galères, les hôpitaux , & la mal-propreté des pauvres , sont les causes secondaires qui ont contribué au développement de ce fléau.

En conséquence, il propose les changemens qu'on pourroit faire dans l'hôpital de Marseille , & les moyens les plus propres à arrêter les progrès des épidémies.

Pour ne rien laisser à désirer sur les causes de ces fléaux, il examine avec soin la nature des alimens , de tout ce qui peut avoir un rapport direct avec la santé des hommes , & il indique un moyen artificiel de corriger les vices de l'air.

Ces détails intéressans conduisent l'auteur à proposer un plan de réforme dans l'Hôtel-Dieu, relativement aux maladies qui se communiquent , avec un moyen d'augmenter les revenus des hôpitaux, & d'éteindre la maladie vénérienne , en obligeant les personnes attaquées de cette maladie , à se faire traiter dans ces hôpitaux pour une somme proportionnée à la fortune des malades.

On voit par cet exposé très-abrégé , de combien d'objets utiles s'est occupé l'auteur de ce travail , combien il a de droit à l'estime des médecins & à la reconnoissance de ses compatriotes.

Mais en rendant justice aux lumières & au zèle patriotiques de M. Laugier , nous croyons devoir l'inviter à continuer ses travaux, alors l'auteur joindra au mérite d'être intéressant, le plaisir d'être utile

& aux médecins & à ses concitoyens. Signés, MACQUART & JEANROI, commissaires. A l'original.

Je soussigné certifie que le présent extrait est entierement conforme à l'original, contenu dans les registres de la société royale de médecine, & signé suivant sa date.

VICQ-D'AZIR, secrétaire perpétuel.

Approbation des Bains-hydrauliques médicinaux à vapeur, ou de la Mécanique composée par le médecin E.** à ce sujet.

Extrait des regiſtres de la Société royale de Médecine.

La société royale ayant entendu dans la séance tenue au Louvre, le 30 août dernier 1782, la lecture du rapport des commissaires qu'elle avoit nommés, pour lui rendre compte d'un nouveau mémoire de M. Laugier, docteur en médecine, membre du collège de Marseille, &c. relatif à des Bains-hydrauliques médicinaux, lesquels nous ont paru devoir être d'une grande utilité dans un grand nombre de maladies, en exigeant toutefois que lorsque la construction en sera faite, si elle a lieu, elle sera soumise à un nouvel examen des commissaires. En foi de quoi j'ai signé le présent, le 3 septembre 1782.

VICQ-D'AZIR, sécretaire perpétuel.

Approbation de la Faculté de Médecine de Paris, sur le même méchanisme.

Die 30, mensis Novembris 1782, examinatores programmatum & delineationum domini Laugier, medici Massiliensis, de machinis Balneorum-hydraulicorum perficiendis D. D. D. &c. PAION, GUILLOTIN, DESBOIS, DE LA PLANCHE, &c. referentes dixerunt rem posse fieri utilem; nil verò ampliùs pronunciari posse donec concilium in rem abierit anno 1782.

Approbation dés compositions du médecin L.**, sur la maladie de Cithere
ou Américaine, par la société royale
de médecine de Paris.

Extrait des regiſtres de la Société royale, ou Délibération de ladite compagnie, conforme aux conclusions des rapports, lus dans les séances des 19 Octobre 1782 & 17 Février 1783.

La société royale de médecine ayant
entendu la lecture des rapports faits par
les commissaires qu'elle avoit nommés
pour examiner les préparations de M.
L.**, docteur en médecine de l'université de Montpellier, membre & professeur du collége de Marseille, appellées
par lui Eau d'Hipocrène, & Nectar de
Cipris, a arrêté, conformément aux
conclusions des susdits rapports, que ces
deux compositions étoient ingénieusement
imaginées, & qu'elles devoient produire
de bons effets, sous la direction des
médecins habiles qui sauront en connoî-

tre le prix & les appliquer à propos ; en foi de quoi j'ai donné le présent procès-verbal (en sa date.) Signé à l'original ,

VIC-D'AZIR , secrétaire perpétuel.

RÉFLEXIONS.

On peut voir par les pièces authentiques que nous venons de mettre sous les yeux, & un grand nombre d'autres qu'il seroit trop long d'exposer ici, que le sieur L.** s'est consacré (pendant toute sa vie) au bien de l'humanité en général, & à celui de sa patrie en particulier.

Il paroit également qu'il n'a pas été récompensé, ni encouragé par les ministres de ce tems, qui n'avoient pas à cœur le bien de l'état, sur-tout le sieur de Breteuil, qui a mieux aimé laisser en proie, à la calamité du fléau des épidémies, les malheureuses villes de CASTEL-NAUDARIE ET DE TOULOUSE, que de profiter des secours déjà approuvés par tous les corps académiques, & éprouvés à l'époque de la derniere peste arrivée en 1769, à Marseille & ailleurs, ainsi qu'il a été dit.

Depuis près de vingt ans, le sieur L.** demande une récompense du service mémorable qu'il a rendu à l'humanité en général, & aux cent mille ames dont la ville de Marseille est composée, pour y avoir fait cesser le fléau qui la désoloit depuis près de deux ans, ainsi qu'il a été démontré ci-devant; & malgré la justice de sa demande, il n'a pas encore pu en venir à bout.

On n'a jamais dit que ce qu'il avançoit étoit faux, ou n'étoit pas juste, mais on a toujours répondu que l'état ne pouvoit pas le faire, tandis que dans ce même tems on faisoit des dépenses exorbitantes pour des sujets bien moins précieux & moins pressans, & l'on donnoit des pensions à des gens qui ne les méritoient pas, pour des riens, & à des personnes qui n'avoient jamais rien fait pour l'état ô TEMPORA!

Depuis près de deux ans que l'Assemblée nationale existe, & qui a fait tant de belles choses en faveur de la nation, on nous fait promener d'un comité à l'autre, sans que nous ayons encore obtenu qu'on fasse le rapport de cette affaire, malgré les instances & les fréquentes visites que nous leurs faisons, tellement l'esprit de patriotisme est encore au berceau, dans quelques individus, sur les lèvres, souvent loin du cœur, & plus souvent le manteau dont on se couvre, pour ne suivre que les mouvemens de l'intérêt particulier.

Malgré les tristes vérités que nous venons de mettre au jour, & nos sujets de plaintes, ou de mécontentement, nous ne pouvons pas contenir les mouvemens de patriotisme qui nous animent, & manifester notre reconnoissance envers nos législateurs, puisque dans toutes les occasions qui se sont présentées, nous en avons doné des preuves; tant pis pour ceux qui ne font pas leur devoir à cet égard, & qui suivent plutôt les mouvemens de l'intérêt personnel, que celui de la généralité ; il faut envoyer ces mauvais patriotes, vivre dans les forêts.

AMENDE HONORABLE,

o u

Diſtinction qu'il convient de faire dans ce que nous venons de dire.

DES MAUVAIS PATRIOTES.

Nous n'ignorons pas que dans le nombre des bons, il y en a également de mauvais, mais il en est de cette compagnie, ainsi que de celle du fils de David, comme de celle des rois, des princes, des ministres, des généraux d'armée, des ministres de l'église, des corps académiques, des magistrats, de toutes les autres classes de citoyens, parmi lesquels il s'en trouve de bons & de mauvais.

S'il s'en trouve parmi ceux qui ont des fonctions publiques, qui se laissent corrompre, on doit s'élever vivement contre eux, sur-tout contre les corrup-

teurs, qui font servir les deniers du
peuple, d'instrument à leur ambition, ou
à leur cupidité, & n'ont pas honte de
les employer lâchement à tendre des
piéges contre ceux que l'infortune a
maltraité, ou que le sordide intérêt a
séduit jusqu'à ce point.

Il faut convenir que les corrupteurs
sont plus criminels que ceux qui se laissent corrompre, & qu'on devrait les
dénoncer à la vindicte publique, en les
poursuivant criminellement, parce que
les uns & les autres vendent les intérêts
de la patrie.

Nous sentons bien que notre morale
ne sera pas du goût de tout le monde,
cependant nous osons esperer que s'il
reste encore dans l'esprit de ceux qui
pensent d'une façon différente, la liberté
de raisonner sans préventions, & que
le fanatisme ne se soit pas tout - à -
fait emparé de leur ame, nous osons
espérer (dis-je) qu'en nous rendant justice, ils se la rendront à eux-mêmes.

DES BONS PATRIOTES.

Quand aux bons patriotes qu'on doit croire bien intentionnés à notre égard, nous osons également nous flatter qu'ils nous rendrons justice, & ajouter qu'ils seront reconnoissans à notre égard, des services que nous avons rendus dans tous les tems à la patrie, & qu'ils se feront une gloire & un devoir, de s'acquitter de cette dette sacrée envers nous, puisqu'ils ont profité des bienfaits de ce service, en survivant à un pareil malheur, autant par un principe d'équité, qu'à titre de reconnoissance & D'HOMMAGE rendu à la bienfaisance.

F I N.

Changement de Domicile.

Le Sieur LAUGIER demeure actuellement au Marché-Neuf, près le Palais-Marchand, N°. 40.

De l'Imprimerie de DUMONT, rue des Postes, au coin de celle du Cheval - Vert.

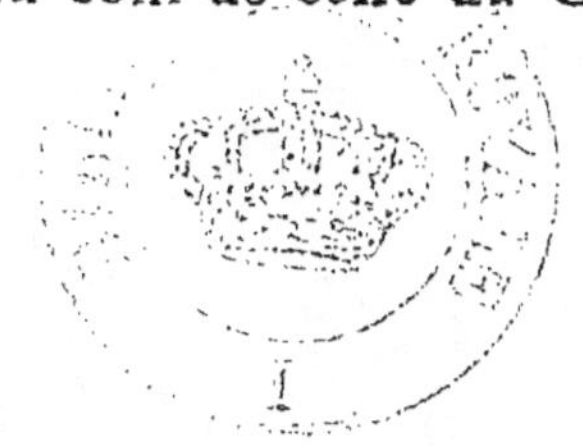